AF336276

ÉGALITÉ.   LIBERTÉ.
UNITÉ.   INDIVISIBILITÉ.

JUSTICE.   SÉVÉRITÉ.   VÉLOCITÉ.

SENTINELLE, PRENDS GARDE A TOI.

L. P. DUFOURNY.

PARIS ! fentinelle de la liberté, toi qui veilles fans ceffe pour conferver l'unité, l'indivifibilité de la République ; toi qui, premier objet de toutes les haînes & première victime de toutes les confpirations, fidèle à tes principes, fidèle à tes fermens, combattras & fouleras aux pieds tous les fédéralistes & tous les tyrans.

Immortelle cité ! toi qui, au 31 Mai, lorfque la Repréfentation nationale, dévorée du poifon du fédéralifme, alloit périr, la fauvas de fes propres convulfions ; qui, par la feule manifeftation de ton dévouement & fans aucune effufion de fang, rendis à fa partie faine cette énergie qui lui fit rejeter le levain mortifère, furmonter l'oppreffion & étouffer le fédéralifme, *veilles ! furveilles !*

Parifiens ! que les dangers qui menacent fur-tout aujourd'hui la Convention & les patriotes, que les intrigues des fédéraliftes pour réhabiliter leurs complices, pour reporter parmi les Repréfentans des hommes au moins incapables, pufillanimes & fufpects, pour immoler d'excellens citoyens, pour déchirer les faftes du 31 Mai, pour flétrir votre gloire, pour amener enfin, par l'aviliffement, la division & la diffo-

A

lution de la Convention, qui ne feroit remplacée que par un congrès ou un sénat fédéralifte, & enfin par l'anarchie, difparoiffent encore devant votre imperturbable dévouement à maintenir l'unité & l'indivifibilité de la République.

Quoi donc! toute la France exécrant le fédéralifme, a confacré ce grand jour (le 31 Mai!) par fes adreffes unanimes de félicitations! Quoi! Parifiens, avec tous les hommes libres vous venez d'en célébrer l'anniverfaire! Quoi! l'airain des trompettes de l'hiftoire l'a proclamé en tous lieux, l'airain de fes tables éternelles en eft illuftré, il ne manque plus à fa gloire que l'érection d'un monument & des fêtes publiques; & cependant des hommes trop heureux d'être encore impunis & d'avoir atteint l'époque d'une clémence trop souvent immodérée, ont l'audace de demander, non pas amniftie, mais un triomphe! de renouveler leur attentat, de s'élever encore avec le titre primitif de leur rébellion, & de retracer, par une coalition coupable, la coalition pour laquelle ils ont été eftimés indignes de leurs fonctions: ils ofent évoquer, reffufciter le fédéralifme, & ils font enfin appuyés par ceux des Députés qui, dès cette époque, partageant l'indignation publique, auroient dû partager auffi leur interdiction. C'eft ainfi, Citoyens, que tous juftifient dans leur témérité que les confpirations actuelles & les confpirations à venir, ne peuvent être formées que de ces reftes épargnés des confpirations précédentes, ainfi que par ces gladiateurs de toutes les caufes, dont les confpirateurs nouveaux ont grand foin de recruter les bandes. De même que les débris de *Lafayette* engendrèrent *Dumourier*, *Briffot*, *Roland*, *la Gironde*, le fédéralifme enfin: de même, par une fubftitution hérédiaire & perpétuelle de l'inépuifable boîte de Pandore, la dictature qui ne peut s'élever qu'au milieu de la misère, de la pefte, des cadavres, de la guerre, des ruines & des tombeaux, & à la faveur de l'anarchie, s'eft fait précéder par les auteurs & les propagateurs de la *Vendée*, par les infâmes fcélérats qui ont entretenu cet *ulcère* machiavélique; par ces *Hébertiftes*, ces *Vandaliftes*, deftructeurs des arts, des fciences, des favans, des artiftes, des bibliothèques & des monumens; par ces ogres qui, retranchés dans les comités du gouvernement comme dans des citadelles, aviliffoient, comprimoient, paralifoient la Convention, & la replongeoient dans la léthargie où elle étoit avant le 31 mai, lorfque les Parifiens la défendirent, la délivrèrent & la fauvèrent.

Les pervers, quelqu'oppofés que foient leurs fyftêmes, quelque différent que foit leur but, font toujours unis pour nuire, troubler, détruire, égorger; leur cri de ralliement eft toujours *le mal d'autrui premièrement*, & ils ne fe divifent que lors du partage : ainfi les *Hébertiftes*, les *Roberspierriftes*, les *Vandaliftes*, les anarchiftes, les noyeurs & les égorgeurs ne font plus qu'un; ainfi les modérés s'uniffent aujourd'hui avec les ogres pour paroître de vigoureux révolutionnaires; & les ogres avec les modérés, pour paroître humains & juftes; ainfi les buveurs de fang, pour fauver leurs têtes, s'efforcent de neutralifer la Convention en y fortifiant le modérantifme; ils voudroient y rappeller les 73 rebelles, afin de s'en faire des défenfeurs contre cette juftice éternelle qui, par la voix du peuple, les fomme de comparoître à l'inftant pour éprouver l'opprobre de la conviction, & fubir le trop foible châtiment qui les attend.

Il faut aux hommes de fang, pour les fauver, oui, il leur faut, fous peu de jours, où le fédéralifme, ou une

4

Infurrection, ou *Louis XVII* fur le pavois, ou l'aviliffement deftructif de la Convention. Eh bien! Parifiens, j'en fuis garant, ils n'obtiendront rien ni de la rufe, ni de leurs fureurs, ni de la féduction, ni de l'ignorance, ni de la misère: d'une part, vous maintiendrez jufqu'à la mort l'unité & l'indivifibilité nationale; vous voterez avec toute la France pour que la pureté des membres de la Convention affure, accroiffe cette confiance qu'aucun refpect, qu'aucune indulgence politique ne peut fuppléer, & que la vertu feule a droit de commander; & d'autre part, vous refterez dans ce calme qui déjoue toutes les confpirations, mais en veillant plus exactement fur ce dernier *excrément* des rois; votre énergie vous rendra toujours dignes du 31 Mai, & vous continuerez de manifefter votre dévouement folemnel au feul gouvernement démocratique, & à la feule dictature de la Juftice & de la Loi.

Je le répète, les confpirateurs actuels font, d'une part, les fédéraliftes, car ils appuyent les 73; & puifqu'ils blafphêment contre le 31 Mai, ils font les ennemis des Parifiens; &, d'autre part, leurs alliés font les ogres & les buveurs de fang, car redoutant l'inflexibilité du Tribunal révolutionnaire, ils ont voulu le détruire ou le changer lors du commencement de l'affaire des Nantais; ils le veulent encore changer avant l'affaire de *Fouquier-Tinville*, &, dans leur fourberie, ils l'accufent à la fois d'être fi modéré que la guillotine fe rouille & *ne bat plus monnoie*, & d'être fi févère & fi pénétrant pour remonter à la fource première de tous les crimes, qu'il n'y aura plus d'inviolabilité, plus de privilége pour les criminels du premier ordre: & c'eft ainfi, Citoyens, que ces atroces machiavéliftes, ces impies, indignes d'être Repréfentans, après avoir fouillé la Révolution par des forfaits énormes, après avoir hélas ! naturalifé le crime fur le fol de la liberté, traîtres à la Patrie, traîtres à la morale, prétendent que les crimes étoient néceffaires, & qu'ils ofent profeffer la barbarie au milieu d'un peuple de frères qui chantent en s'embraffant enfin : IL N'EST D'HOMME LIBRE QUE L'HOMME JUSTE.

Les criminels aggreffeurs du 31 Mai difent qu'il y avoit alors des confpirations, qu'il exiftoit le deffein de détruire la Convention ; en effet ils étoient eux-mêmes ces confpirateurs, leurs projets étoient tels, ils étoient bien connus, je les avois dénoncés, mais à un Comité auteur de la Commiffion des douze.

Il y avoit des confpirateurs qui préparoient des mouvemens ! & ne fait-on pas que dans tous les grands événemens de la Révolution, les ennemis de la liberté fe mêlant dans les rangs, ont cherché à leur donner une direction funefte ; mais que la Providence qui a dirigé tous les événemens, le courage des patriotes & la prudence des Parifiens ont tout déjoué ?

Il y avoit des confpirateurs ! c'étoit donc un devoir de plus pour les patriotes de fe lever, de s'armer pour défendre la liberté, pour contenir fes ennemis, quels qu'ils fuffent, ou la Convention & la patrie étoient anéantis par le fédéralifme. Les patriotes, les Parifiens l'ont fait ; on les accufe : PÉRISSENT LEURS CALOMNIATEURS ! HONNEUR AU 31 MAI ! SALUT ET CONFIANCE A LA CONVENTION ! VIVE LA RÉPUBLIQUE DÉMOCRATIQUE !

Il y avoit au 31 Mai des confpirateurs ! mais quel eft celui des immortels décrets qui n'ait eu le confentement, au moins apparent, de quelque Député perfide? Combien de conſpirateurs & de fourbes ont, par exemple, voté contre *Louis XVI?* combien encore aujourd'hui ſe ſervent de ce vœu politique pour ſurprendre la confiance des patriotes? Non, non, impoſteurs, ce n'étoit point pour établir le gouvernement démocratique que vous abattiez le tyran, c'étoit pour ſervir votre ambition; il falloit bien, pour établir la dictature, détruire ſon autorité, comme depuis vous uſurpiez même celle du Peuple; il falloit bien, pour monter au trône, le faire vaquer.

Dès l'origine des Départemens, le fédéraliſme avoit germé; la cour, trompant le Peuple par cette reſtitution ſimulée d'une autorité qu'elle ſe flattoit de reſſaiſir, avoit cru cette diviſion départementale utile à ſon deſpotiſme; mais le fédéraliſme, engendré par l'ambition locale, étoit devenu l'ennemi de la royauté, & il contribua beaucoup à la chûte du tyran. Il ne faut donc pas s'étonner ſi tant d'intrigans, ſi les fédéraliſtes ſe trouvent munis de cette arme à deux tranchans, leur vœu pour la mort de *Capet,* s'ils étoient les conſpirateurs au 31 Mai, & s'ils ſont encore aujourd'hui les ennemis des Pariſiens SAUVEURS DE LA PATRIE.

Il y avoit au 31 Mai des conſpirateurs & leurs agens! Oui ſans doute il y en avoit, tels que *Guſman* & quelques autres hommes de ſang; je mettois mon devoir à les reconnoître, à les ſignaler, à les écarter : pluſieurs le furent, & j'y concourus. Ce fut alors que le triomphe du patriotiſme fut aſſuré. Lorſque la criſe fut complète, veillant encore ſur les hommes ſuſpects, & craignant que des hommes de ſang ne réuſſiſſent à continuer par des troubles coupables l'action révolutionnaire, déſormais inutile, puiſque juftice étoit obtenue & que la Convention étoit libre ; craignant, avec raifon, que les pouvoirs délégués momentanément par le peuple ne fuffent avilis ou perfidement exercés par une dictature qui n'attendoit plus qu'un dictateur, je pourvus à une nouvelle convocation du peuple qui, fupprimant le Comité central révolutionnaire, le remplaça par un Comité de Salut public pour le Département ; cela eft fi vrai que *Robefpierre*, ce dictateur qui toujours dans la couliffe attendoit le fuccès du jeu de quelque machine pour s'élancer fur le trône & n'être, l'infenfé ! qu'un fouverain de théâtre, m'a fait le reproche aux Jacobins, le 16 Germinal dernier, lorfqu'il vint en guet-à-pans m'affaffiner avec *Vadier*, *Couthon* & conforts, m'a fait, dis-je, le reproche *d'avoir alors entravé le mouvement populaire.*

Tout nous manifefte, Citoyens, que le fédéralifme fera toujours le plus grand des périls auxquels la France fera expofée. Aucun homme en effet ne pouvant par les reffources de fon propre génie faire taire toutes les autres ambitions ; formera d'abord un grouppe de tous les prétendans fous le nom refpecté de dictature nationale ; & par là terreur, & par l'impunité, & par l'or & par l'influence, il aura collectivement des fuccès rapides ; mais l'égalité ne peut diriger long-tems les ambitieux & les traîtres ; ils voudront morceler le territoire, ils fédéraliferont & ils fe difputeront pour le partage. Alors les plus coupables dénonceront, les moins adroits fuccomberont, les forfaits fe précipiteront fans plan ni mefure, & la Nation effrayée du gouffre où on l'entraînoit, recueillera les traces des complots pour fe préferver de pareille cataftrophe. Faites-le, Citoyens, aujourd'hui. Voici ce que des faits certains, liés par quelques conjectures, vous apprennent fur la dernière confpiration.

Le projet étoit de n'éclater qu'après avoir achevé de détruire les patriotes énergiques; qu'après avoir mis dans toutes les fonctions publiques des fourbes, des lâches, & fur-tout des fédéralistes; qu'après avoir fait rentrer dans la Convention les 73; qu'après avoir fait le procès au 31 Mai; & alors, la faifon s'avançant, les Alpes étant occupées par les neiges, Marfeille fe révoltant, les Anglais y accourant du port de Gênes, l'armée d'Italie privée de fes communications, coupée dans fa retraite, auroit fuccombé fous quelque trahifon (les tyrans y avoient leurs agens); le Midi fe feroit détaché du Nord prefque fans efforts; la foiblefle auroit fanctionné le morcellement général; les Députés, forcés de fe retirer refpectivement, auroient *fouverainifé* individuellement les départemens; le danger les auroit réunis enfuite contre les ennemis du dehors par une ligue défenfive, une véritable fédération; & pendant tous ces débats, les Princes coalifés auroient enlevé le fruit de tant de facrifices, de vertus, de courage & du fang des héros; la Déclaration des Droits auroit été déchirée; la tyrannie & l'efclavage auroient repris racine, & ces canons, ces poudres que les patriotes ont faits avec tant de zèle pour la défenfe de la liberté, & auxquels les fédéraliftes ne contribuoient que dans l'efpoir de les tourner un jour à leur profit, n'auroient fervi qu'à immoler les hommes libres, & l'on auroit dit à jamais: *Il n'exiftoit donc plus alors un Parifien du 31 Mai!* Tels font les maux dont la jaloufe rivalité des ufurpateurs vous a délivrés au 9 Thermidor. Réduits à anticiper le dernier acte de leur confpiration, ils ont tenté la révolte, & en même tems un mouvement prématuré a été tenté à Marfeille par leurs complices. Tout a été étouffé, *mais*, je le répète, *tout peut renaître*, fi les patriotes fe taifent en ce moment. Non, fans doute, ils ne fe tairont pas; il exifte encore des patriotes du 31 Mai; ils fe montreront, ils ne fouffriront pas que l'on dife : Une nouvelle population, une race de lâches dominée par ces méprifables modérés que les maifons d'arrêt ont revomis indifcrettement, & qui dirigent l'opinion publique, a pris la place des conquérans de la liberté & des défenfeurs de la Repréfentation nationale; ils ne fouffriront pas que la Convention foit avilie; fentinelles vigilantes, ils l'avertiront fans ceffe de fes dangers & de ceux de la patrie, & ne fouffriront jamais que l'on réalife cette prédiction, cette infolente malédiction d'*Ifnard* : *Le voyageur incertain cherchera fur les bords de la Seine le lieu où fut Paris.*

Vous attendez, fans doute avec impatience, la publicité de ces faits, que l'on annonce être confignés dans un regiftre myftérieux; de ces anecdotes qui doivent révéler toutes les intrigues & faire connoître tous les confpirateurs; mais quelle foi peut être ajoutée à des récits rédigés fous les yeux, fous l'influence, fous la puiffance & fous la plume des fédéraliftes, annoncés par des fédéraliftes défenfeurs officieux des 73 fédéraliftes, inventés ou défigurés par ces hommes de fang, ces fabricateurs ou fouftracteurs de pièces, ces menteurs & ces fourbes qui avoient fondé le gouvernement fur le crime, fur la terreur pour la vertu, fur l'injuftice & fur l'affaffinat ? Quelle foi peut-on enfin accorder à ceux qui n'ont pas ofé les produire, pour confondre ces victimes qu'ils ont immolées dans les tribunaux; ces victimes qui, mifes en jugement, demandoient, mais hélas! en vain , que leurs ennemis comparuffent, {& auxquelles ces mêmes hommes, leurs adhérens, fermoient la bouche en les faifant mettre hors des débats, afin d'étouffer la vérité dans leur fein & de la noyer dans leur fang?

Que ces mémoires deftinés à empoifonner un jour l'hiftoire & à tromper les contemporains mêmes, lorfque la guillotine auroit eu dévoré les principaux anti - fédéraliftes, les plus zélés patriotes du 31 mai, paroiffent donc à l'inftant pour fubir une difcuffion rigoureufe. Qu'ils ceffent de ramper dans l'obfcurité comme des mémoires fecrets : des mémoires fecrets ! ils ne peuvent exifter, ils ne peuvent obtenir confiance que fous le régime de la tyrannie; mais fous une République, ils font ou un outrage à la liberté, ou l'ouvrage de l'ignorante pufillanimité , ou l'atroce tiffu d'impoftures par lefquelles les traîtres tentent d'échapper à leurs contemporains & de fe réhabiliter auprès de la poftérité; ou enfin ils font le réfervoir immenfe de la calomnie, dont les fcélérats, muets en préfence de la vertu, tournent les robinets fur la foffe de l'homme de bien qu'ils ont égorgé. Non, non, de pareils recueils ne peuvent être l'ouvrage d'aucune autorité publique; qu'ils foient donc à l'inftant imprimés fans altération, afin que les fabricateurs de calomnies pofthumes foient parfaitement connus, & que ces monftrueux ennemis du 31 Mai, ces affaffins de la gloire des patriotes, foient eux-mêmes traînés fur la claie de l'opinion publique!

Pleins des alarmes de la plus vive follicitude, vous agitez foit dans vos affemblées, foit dans les fociétés populaires, la grande queftion de la garantie de la Repréfentation nationale, & vous diftinguez, conformément aux principes, l'inviolabilité de la Convention, du privilége que prétendroit chacun de ſes membres de commettre des crimes & de l'avilir par ſon impunité ; alors, glorieux d'être les ſentinelles de la République & d'être au centre de l'unité, vous vous écriez : Français ! nous défendrons juſqu'à la mort la Repréſentation nationale contre ſes ennemis extérieurs, & notre infatigable ſurveillance, non moins alarmée ſur ſon inviolabilité morale, écho de l'eſprit public, lui dénoncera ſans exception tous les fédéraliſtes & les traîtres qui pourroient ſouiller ſon ſein. Mais déjà l'opinion publique, remontée ſur ſon tribunal, répare le long & honteux ſilence qu'elle garda ſous les tyrans & leurs ſerviles complices ; elle réclame leur punition, & nonobſtant toutes meſures dilatoires & évaſives, nonobſtant même le bouclier de l'inviolabilité, elle prononcera du moins leur infamie, & certes aucun individu, quel qu'il ſoit, n'oſera dire, au moment où l'opinion publique lui aura juſtement retiré la confiance : « Je ſerai malgré toi ton organe ». Quoi donc ! l'opinion publique va juſque dans la république des morts chercher parmi les incorruptibles l'infect Mirabeau, & elle ne pourra pas garantir la Convention du ſupplice affreux de Mézence ; il faudroit qu'à jamais la vertu nageât dans le crime, & qu'attachée ſur des cadavres, elle expirât lentement & digne à tous égards & de honte & de pitié. Quoi ! les 73 échappés du Lazaret, où la bienfaiſance, où la compaſſion nationale les avoit relegués, viendroient en ſe glorifiant, en ſe parant encore de leurs bubons de fédéraliſme, porter la peſte au ſein de la Convention, ils deviendroient inviolables ! & feroient la contre-révolution ! Non, non, vous jetterez un regard obſervateur ſur les événemens arrivés depuis le 9 Thermidor, vous verrez les buveurs de fang fe retrancher dans les Jacobins, &, comme une armée vaincue qui fe jette dans une place forte, contraindre les plus paifibles citoyens à partager les dangers & les misères d'un fiége, abufer de leur foibleffe & de leur erreur, leur apporter toutes les contagions & tous les fléaux, les avilir par leur préfence, & les priver, mais feulement pour un tems, de cette confiance, de cette correfpondance, de cette heureufe influence par lefquelles les Jacobins & les Sociétés populaires entièrement indépendantes ont véritablement fondé la République fur les principes, & l'ont foutenue par leur furveillance; vous les verrez s'oppofer à la liberté de la preffe, crier contre la calomnie par le feul effroi de la vérité; vous les verrez encore, pour échapper aux fouets vengeurs, crier qu'il ne faut pas s'occuper des individus, mais de la chofe publique; vous entendrez le fenfible *Collot* prêcher ou plutôt *jouer* la morale, & fe targuant de fon royalifte père *Gérard*, prétendre avec une férule faire oublier les canons à mitraille, appeller à la vertu la génération naiffante, ou plutôt la faire fuir & réveiller les gardiens en criant: *C'eft moi qui mis Guillot berger de ce troupeau*; vous les voyez enfin tenter de faire taire jufqu'aux indices de leurs crimes, en demandant contre les dénonciateurs la peine du talion. L'innocence n'a befoin que d'être écoutée pour être reconnue; tant de précautions feroient ou une infulte faite au bon fens, à l'équité du peuple, ou un aveu formel de leurs crimes. Qu'ils tremblent, les coupables! ils ne peuvent échapper; les vrais Jacobins bloqueront leurs repaires: les bons citoyens les jetteront par les crenaux, & les Sociétés définfectées, fe relevant dans la confiance générale, feront plus puiffantes pour appuyer les principes démocratiques de la Convention.

Telle eſt leur glorieuſe deſtinée; elles continueront de la remplir, & les Français ne ſouffriront jamais que ces infâmes Cyclopes qui ont forgé les foudres avec leſquelles les Titans écraſoient la vertu & mutiloient la liberté, oſent élever des paratonnères contre l'inexorable juſtice céleſte qui les appelle.

Les 73, les fédéraliſtes, leurs défenſeurs, tous les mal-veillans & leurs dupés diſent : Ou ils ſont coupables & il faut les juger, ou ils ſont innocens & il faut qu'ils ren-trent dans leurs fonctions.

Les patriotes répondent : Le fédéraliſme eſt le plus grand ennemi de la République, il fut vaincu au 31 Mai; vous attaquâtes le 31 Mai comme attentatoire à la Nation & l'ouvrage d'une faction. La République entière s'eſt déclarée elle-même former cette prétendue faction ; vous fûtes traités en priſonniers de guerre ; vous oſez vous révolter encore contre la volonté générale, inſulter les ſauveurs de la patrie, braver la généroſité nationale en défiant le ſupplice & en propoſant audacieuſement l'option entre votre mort & notre confiance; vous n'aurez ni l'un, ni l'autre. A peine des hommes juſtes peuvent-ils vous épargner lorſqu'ils ont puni vos chefs ; mais la Convention n'a pas le pouvoir de rendre la confiance à des fédéraliſtes, elle fouleroit aux pieds le ſerment de toute la France ; & fédéraliſte elle-même, elle perdroit la confiance.

Tout ſilence dans ces circonſtances ſeroit criminel : choiſiſſez donc, Pariſiens, & demandez

Ou qu'Iſnard ſoit rappellé, qu'il préſide de nouveau l'Aſſemblée ; que le procès ſoit fait par tous les Départemens à celui de Paris ; que cette ville déclarée factieuſe au 31 Mai, menaçant, opprimant & violant la Repréſentation natio-

nale, soit mise hors la loi, effacée des rives de la Seine, & que le voyageur incertain en cherche en vain les vestiges; que les Brissot, Vergniaud, Guadet, &c. soient déclarés les martyrs de la liberté & portés au Panthéon, d'où on expulsera Marat; que les 73 rendus libres, rétablis en triomphe dans les fonctions de Représentans & convertis en jury d'accusation, préludent par le procès du 31 Mai au procès à faire à la Convention & à toute la France. Votez enfin, si l'un de vous l'ose sans être à l'instant frappé de mort, le fédéralisme & la banqueroute, car c'est la même chose; faites enfin la contre-révolution.

Ou bien demandez à l'instant, demandez solemnellement avec ce grand caractère, avec ce dévouement qui en a tant imposé aux factieux, que la Convention déclare:

1°. Que le serment de toute la France étant de maintenir l'unité & l'indivisibilité de la République, elle a unanimement approuvé & béni les grands événemens des 31 mai, 2 & 3 juin;

2°. Qu'à cette époque les Citoyens de Paris & leurs Autorités constituées ont, par leur fermeté & leur prudence, ont manifesté aux Députés patriotes qu'ils défendoient l'unité nationale contre la conspiration des fédéralistes, & qu'ils ont à jamais bien mérité de la patrie;

3°. Que les 73 & tout Français qui a fait des protestations contre ces événemens, ou même des déclarations improbatives, est un fédéraliste, un homme résistant à la volonté nationale, indigne de toute confiance & fonctions.

4°. Que tout homme qui aujourd'hui attribue ces événemens glorieux & libérateurs à des factions, veut ressusciter lui-même la faction des fédéralistes dont il se rend complice, fortifier l'hypocrite modérantisme, faire le procès à la révolution, amener la guerre civile, le morcellement de la République, la diffolution de la Repréfentation nationale & la banqueroute, & fera retenu comme fufpeċt.

5°. Que tous les hommes étant égaux aux yeux de la loi, il ne peut exifter aucun privilége, aucune difpenfe pour un Député dont le témoignage eft invoqué au Tribunal révolutionnaire, de s'y rendre à l'inftant pour acquitter le premier objet de fa miffion, fauver l'innocent & confondre l'ennemi du Peuple, quel qu'il foit.

6°. Qu'en mémoire du plus grand des événemens de la révolution, après le 10 Août, il fera célébré, tous les ans, la deftruction du fédéralifme au 31 Mai.

7°. Qu'il fera élevé un monument dans la partie du Jardin national, vers le petit baffin du nord.

Vous allez, Citoyens, fauver la patrie ; mais en le faifant n'oubliez pas que les ennemis du 31 Mai, les fédéraliftes & les buveurs de fang veulent fe venger de la Convention, la détruire en l'entourant de troubles & de dangers, tout perdre, tout diffoudre plutôt que d'aller au fupplice. Ainfi vous n'employerez que la toute-puiffante force de l'opinion, & vous ne vous armerez jamais que pour maintenir l'ordre, exécuter les loix, affurer la juftice & fervir de bouclier à la Repréfentation nationale, au nom de toute la Répu-blique, dont vous êtes la première fentinelle.

L'Homme libre,

L. P. DUFOURNY.

Paris, le 10 Brumaire, an 3ᵉ de la République Françaife.

De l'imprimerie de BALLARD, rue des Mathurins.

www.ingramcontent.com/pod-product-compliance
Lightning Source LLC
LaVergne TN
LVHW010113060726
842524LV00006B/2492